Marie-Édith Dauguet

Toile cirée

Décoration et accessoires de mode

Les ouvrages de cette collection vous serviront de guides pour entrer aisément dans le vaste *Univers des Loisirs Créatifs.*

Que vous soyez débutant ou plus expérimenté, vous y trouverez forcément votre bonheur.

En effet, toutes les techniques sont illustrées de photographies d'étapes ou de schémas et sont expliquées avec précision et passion par l'auteur.

Une fois les bases acquises, vous pourrez donner libre cours à votre imagination et réaliser de jolies créations à offrir à ceux que vous aimez.

Éditions Didier CARPENTIER

MATÉRIEL & FOURNITURES

Matériel de base

1 • Un dé à coudre
2 • Une paire de ciseaux
3 • Une aiguille à coudre
4 • Des fils à coudre assortis

Autre matériel

5 • De la toile cirée de différentes couleurs et avec des motifs divers
6 • De la toile de coton (écrue)
7 • Du carton léger
Il est utile pour la réalisation des gabarits. Pensez à conserver les emballages de céréales, de biscottes ou de pizzas. Ils pourront faire l'affaire.
8 • Du biais de couleurs variées
9 • Un crayon à papier gras
10 • Des boutons-pressions nacrés de Ø 1,2 cm (blancs)
11 • Des rivets en métal
12 • Des œillets
13 • Des perles en bois de différentes couleurs et de diamètres variés
14 • Un compas
15 • De la colle universelle en gel extra-forte
Elle est employée pour le collage de la toile cirée.
16 • Du ruban adhésif
Le ruban adhésif de bureau est parfois difficile à ôter de la toile cirée. Un petit conseil avant de vous en servir : posez chaque morceau de ruban adhésif sur un morceau de tissu. Les fibres qui se déposent sur la partie adhésive du ruban la rendront moins collante.
17 • Des mini-pinces à linge
18 • Du molleton de 5 mm d'épaisseur
19 • De la ficelle de cuisine
20 • Une aiguille à laine

Non photographiés

- Une pince à épiler.
Elle permet de faciliter l'enlèvement du bâti.
- Du carton épais.
- De la soutache de différentes couleurs.
- Une machine à coudre.
- Du polyphane.
Il est utile pour donner davantage de rigidité à certains modèles. Pour cela, gardez la pellicule protégeant le côté adhésif du polyphane.
- Une plaque de découpe.
- Des fermetures à glissière de couleurs diverses.
- Des outils nécessaires à la pose des œillets, des rivets et des boutons-pressions et vendus avec.
- Des feuilles de papier-calque.

8
8
8
14
15
TOUS VOS
Bois, plastique*,
porcelaine, carton,
TOUS VOS COLLAGES
PRÉCIS
OU
LARGE
10
11
12
16
13
17
20
3
4
CA02776
4
13
18
19
4
4

- Thème jardin = sachets graines
- enveloppes
- courrier
- couvercles plastiques
- médic
3 fentes

Ambiance fraisier

8

Porte-fiches

Dimensions du porte-fiches : Hauteur : 58 cm - Largeur : 35 cm
Dimensions d'une pochette : 20 x 17 cm

20 x 111 cm de toile cirée à motifs de fraises - 3 m de biais (vert) en 2 cm de largeur
un crayon à papier gras - 3 cuillères en bois de 35 cm de longueur
du ruban adhésif - 15 mini-pinces à linge - une machine à coudre

Coupez 84 cm de biais. Pliez-le en deux puis piquez-le dans le sens de sa longueur, sans trop serrer. Coupez-le en 7 morceaux de 12 cm de longueur. Pliez chaque morceau en deux dans le sens de la largeur. Vous obtenez les 7 pattes de suspension.

Tracez au crayon à papier, sur l'envers de la toile cirée, 3 rectangles de 20 x 37 cm. Découpez-les.

Faites des repères au crayon à papier sur l'endroit de chaque rectangle de toile cirée *(voir schéma 1)*. Fixez les pattes de suspension **a**, **b** et **c** avec du ruban adhésif sur l'endroit de deux rectangles *(voir schéma 1)*. Cousez-les ensuite au point avant.

Prenez le 3e rectangle et ne cousez que la patte de fixation **a**, de la même manière que précédemment.

Piquez, au point avant, un ourlet de 1,5 cm sur la partie inférieure de chaque rectangle et un de 5,5 cm sur la partie supérieure. Repliez ensuite chaque rectangle, envers contre envers, afin d'obtenir une pochette de 17 cm de hauteur *(voir schéma 1)*.

Coupez 6 morceaux de biais de 27 cm de longueur. Posez chaque morceau à cheval sur les côtés des rectangles afin de maintenir les deux épaisseurs de toile cirée. Effectuez un rentré de 1,5 cm dans le biais en bas de chaque pochette, avant de commencer à bâtir.

Pour les plus expertes, maintenez le biais avec des mini-pinces à linge. Piquez-le sans trop serrer, sur toute la longueur. Celui-ci doit dépasser de 8,5 cm sur la partie supérieure. Rabattez le biais sur l'envers pour former une boucle de 2,5 cm de longueur. Maintenez cette boucle par une piqûre *(voir schéma 2)*.

Coupez 37 cm de biais. Pliez-le en deux sur toute sa longueur. Faites deux boucles de 2,5 cm de longueur sur chaque extrémité. Maintenez chaque boucle par une piqûre au niveau de la base. Vous obtenez l'attache de suspension. Montez les 3 pochettes avec les 3 cuillères en bois en glissant celles-ci dans les pattes de suspension. Montez l'attache de suspension *(voir photo)*.

Conseil : Pensez à élargir le point lorsque vous piquez directement sur la toile.

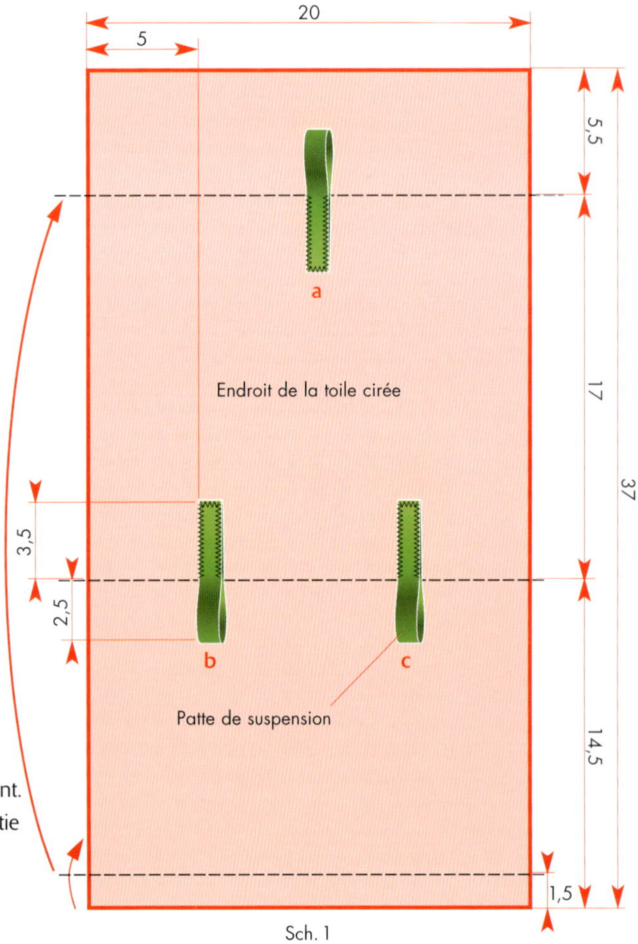

Sch. 1

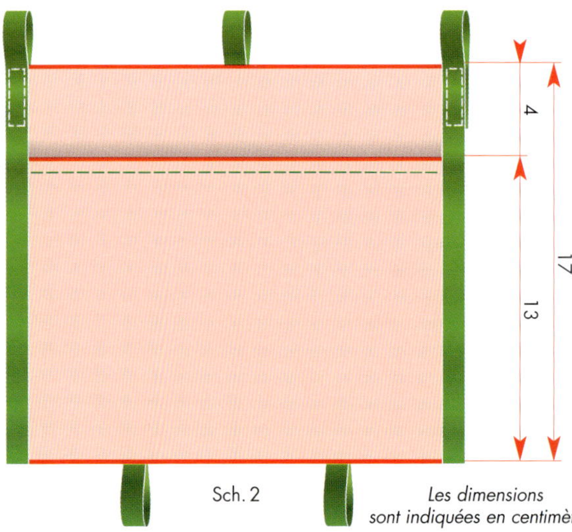

Sch. 2

Les dimensions sont indiquées en centimètres

Petit sac pour ficelle de cuisine

Dimensions : 12 x 17 cm

18 x 26 cm de toile cirée à motifs de fraises
1 m de biais (vert) en 2 cm de largeur
une pelote de ficelle de cuisine
3 œillets en forme de flocon de neige (blancs)
et les outils nécessaires pour la pose
du ruban adhésif - des mini-pinces à linge
une machine à coudre

Préparez les différents morceaux de biais.
Coupez 56 cm de biais. Pliez-le en deux sur sa longueur.
Faites un rentré de 8 mm sur chaque extrémité puis piquez sur toute la longueur. Vous obtenez le lien de fermeture.
Découpez 6,5 cm de biais.
Procédez de la même manière que précédemment.
Vous avez formé la patte destinée à accueillir une paire de ciseaux. Coupez 8 cm de biais.
Pliez-le en deux puis piquez-le sur toute sa longueur.
Ce biais servira de patte de suspension.
Coupez 26 cm de bais.
Posez-le à cheval sur un des grands côtés du morceau de toile cirée.
Ne faites pas de rentré aux extrémités.
Bâtissez ou maintenez ce biais avec des mini-pinces à linge.
Piquez-le au point avant.

Placez la patte de soutien pour la paire de ciseaux sur l'endroit de la toile cirée *(voir schéma)*.
Maintenez-la avec un morceau de ruban adhésif.
Posez 2 œillets à 7 mm de chaque extrémité.
Posez le 3e œillet au niveau de la partie inférieure pour le passage de la ficelle *(voir schéma)*.

Posez la patte de suspension sur l'endroit de la toile cirée, à 1 cm de sa partie supérieure et contre la lisière *(voir schéma)*.
Pliez-la en deux dans sa largeur et maintenez-la avec une mini-pince à linge.

Pliez également en deux le lien de fermeture.
Posez-le à 4 cm de la partie supérieure de la toile cirée, sur l'endroit et contre la lisière *(voir schéma)*.
Fermez en piquant à 1 cm du bord, au point droit élargi, pour former le sac.

Pensez à couper un peu de toile sur la partie inférieure des angles avant de retourner le sac.

Glissez la pelote de ficelle de cuisine dans le sac et passez un brin par le trou prévu à cet effet.

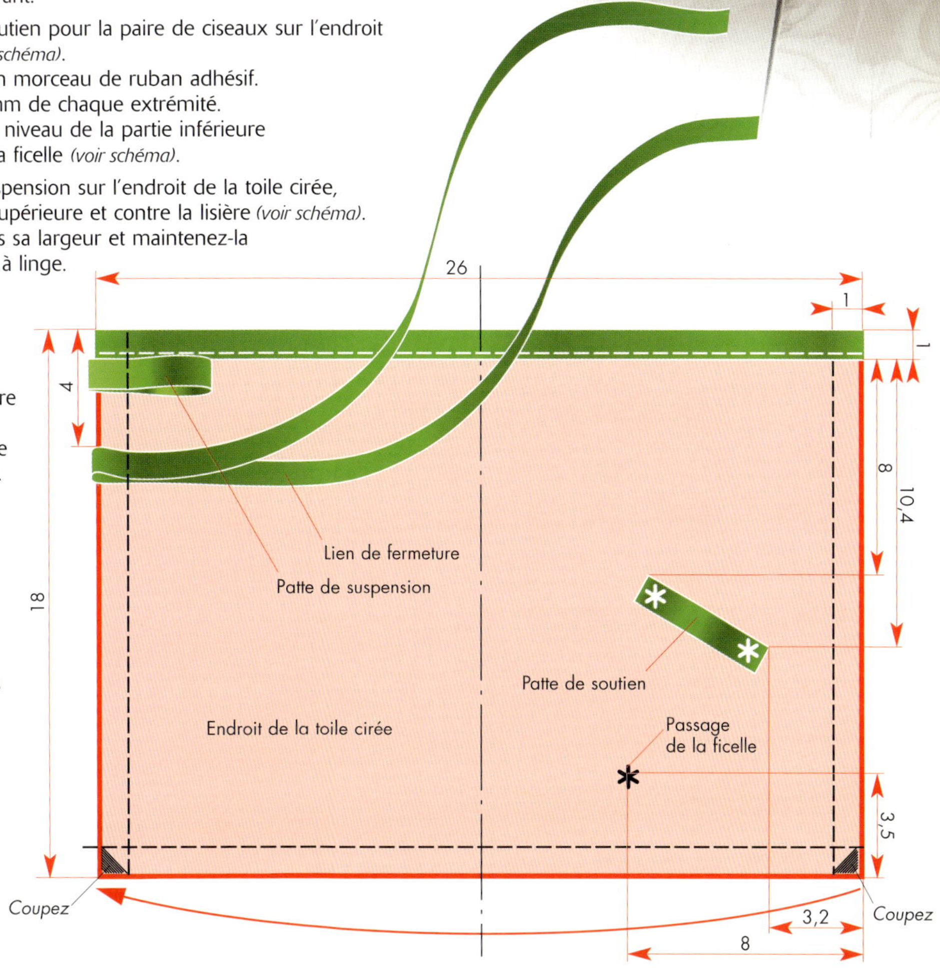

Tablier du petit pâtissier

Hauteur : 58 cm - Largeur : 39 cm (pour un enfant de 6 à 8 ans)

45 x 65 cm de toile cirée à motifs de fraises
5,20 m de biais (vert) en 2 cm de largeur
4 rivets en métal de Ø 7 mm (argent)
et les outils nécessaires pour la pose
une machine à coudre
un crayon à papier
une plaque de découpe
des feuilles de papier-calque

Report du tracé

Décalquez le tracé.
Noircissez largement l'envers au crayon à papier.
Appliquez la feuille de papier-calque sur le support désiré puis repassez sur le trait, sur l'endroit de la feuille de papier-calque.
Le tracé se trouve ainsi transféré.

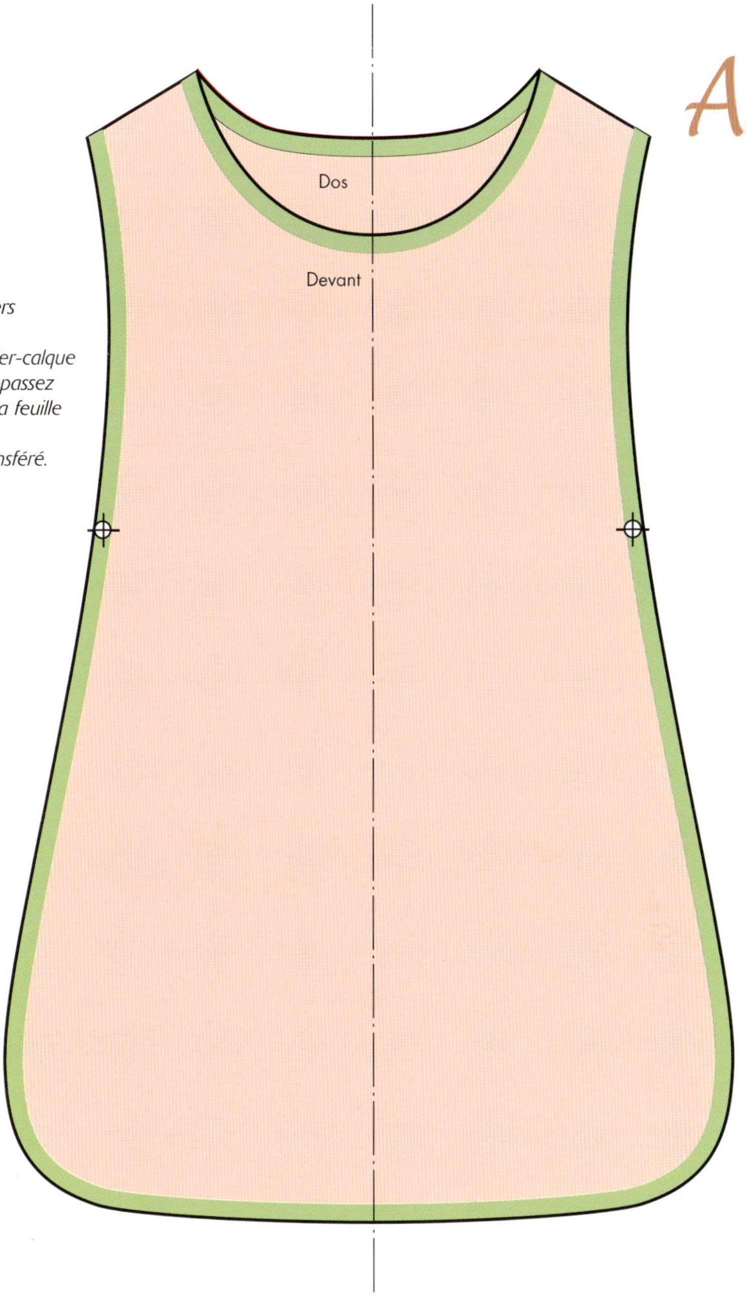

Tracé à échelle 1/4
Agrandissez à 400 %

Reportez le tracé du devant ci-dessus sur l'envers de la toile cirée *(voir* Report du tracé *ci-dessus)*. Découpez en suivant la forme de son contour. Répétez l'opération de la même manière pour le dos.

Piquez les épaules à 6 mm des bords.

Bâtissez le biais, à cheval et à grands points, sur le tour du dos et du devant, ainsi que sur l'encolure. Piquez-le à la machine.

Coupez 4 morceaux de biais de 38 cm. Pliez chaque morceau en deux dans le sens de la longueur. Prévoyez un rentré à chaque extrémité. Piquez-le à la machine. Vous obtenez les liens du tablier.

Faites un trou sur les côtés du dos et du devant *(voir tracé ci-dessus)* avec l'outil perforateur, ainsi que sur une des extrémités de chaque lien. Engagez le pied du rivet dans le trou d'un lien puis dans le trou de la toile, sur l'envers.
Pressez fermement sur la partie dépassante du rivet puis frappez 2 ou 3 coups de marteau en ayant protégé le support, au préalable, avec la plaque de découpe.

Procédez de la même façon avec les 3 autres liens.

Promenade automnale

Sac aux pampilles

Hauteur : 25,5 cm - Largeur : 27 cm

40 x 140 cm de toile cirée (orange) - 3,55 m de biais (violet) en 2 cm de largeur
une aiguille à laine - 1 m de fil ciré (jaune)
des œillets en laiton : 2 de Ø 6 mm, 2 de Ø 1,8 cm
des perles en bois :
12 de Ø 1 cm (violettes), 11 de Ø 7 mm (orange),
21 de Ø 5 mm (12 orange, 9 violettes)
un bouton-pression nacré de Ø 1,2 cm (blanc)
des feuilles de papier-calque - un crayon à papier

Reportez les tracés *(voir page 14)* sur le toile cirée *(voir* Report du tracé *page 11)* puis découpez-les en suivant le contour.
Découpez également un rectangle de 15 x 12 cm dans cette même toile.

Rabat et poche intérieure

Coupez 15 cm de biais. Piquez-le, à cheval sur une des longueurs du rectangle précédemment découpé. Posez ce dernier, envers contre endroit, sur la doublure du rabat, à l'emplacement indiqué *(voir tracé page 14)*. Coupez 42 cm de biais. Bâtissez-le à cheval autour des 3 côtés libres du rectangle puis piquez celui-ci en place sur le rabat, sur ces 3 mêmes côtés. Vous obtenez la poche. Posez le rabat sur sa doublure, envers contre envers.
Découpez 56 cm de biais. Bâtissez-le à cheval du point **A** jusqu'au point **B** *(voir tracé page 14)*, sur les 2 épaisseurs. Piquez.

Côtés et devant

Coupez 2 morceaux de biais de 8 cm de longueur. Piquez chaque morceau, à cheval sur le bord supérieur des côtés. Découpez 21 cm de biais et piquez-le à cheval sur le bord supérieur du devant. Prenez, à chaque fois, les deux épaisseurs de toile cirée posées envers contre envers.

Assemblage

Coupez 4 morceaux de biais de 28 cm de longueur.
Bâtissez les côtés entre le rabat et le devant, en maintenant de part et d'autre les 4 épaisseurs de toile cirée avec un morceau de biais. Prévoyez un rentré de 1 cm sur la partie supérieure du sac, uniquement. Piquez. Découpez 15 cm de biais.
Fermez la partie inférieure du sac en le piquant à cheval et en prévoyant un rentré à chaque extrémité.
Posez la partie femelle du bouton-pression sur la pointe du rabat et la partie mâle à 7 cm du bord inférieur du sac.

Pampilles

Posez 2 œillets de 6 mm de diamètre, espacés de 5 mm, à 11 cm de la pointe du rabat et à environ 7 cm de chaque côté.
Coupez le fil ciré en deux et passez les 4 brins dans les œillets.
Faites un noeud sur l'endroit du sac avec ces brins.
Enfilez les perles sur chaque brin *(voir photo)* à l'aide d'une aiguille à laine.
Terminez par un double noeud pour maintenir les perles et coupez l'excédent de fil.

Bandoulières

Posez chaque oeillet de 1,8 cm de diamètre sur le rabat, à 3 cm des bords et à 25 cm du bas du sac.
Découpez 1,05 m de biais. Pliez-le en 2 sur sa longueur et maintenez-le par 2 piqûres parallèles.
Passez l'anse obtenue dans les oeillets et fermez en piquant les 2 extrémités l'une sur l'autre, sur 2,5 cm *(voir photo page 14)*.

14

Promenade automnale

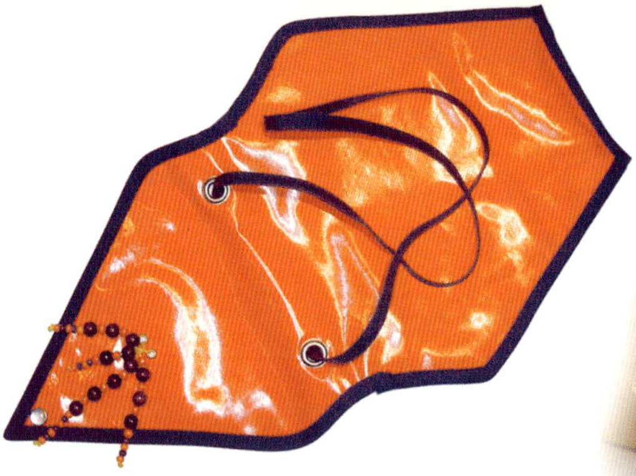

Dos du sac aux pampilles

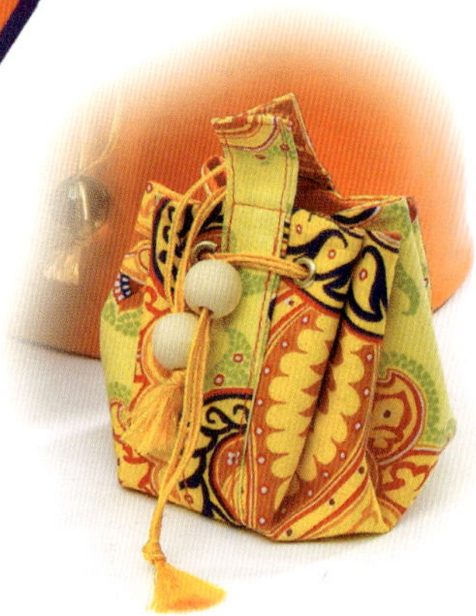

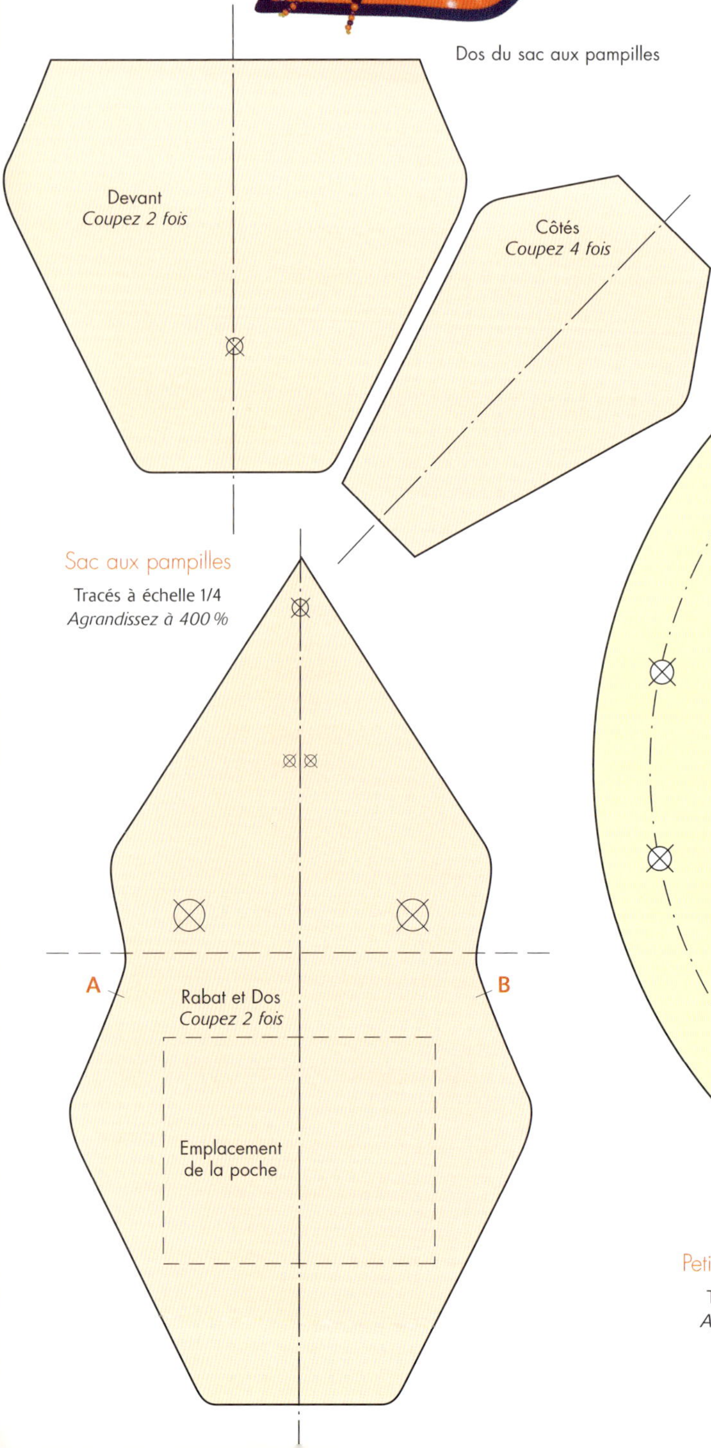

Sac aux pampilles

Tracés à échelle 1/4

Agrandissez à 400 %

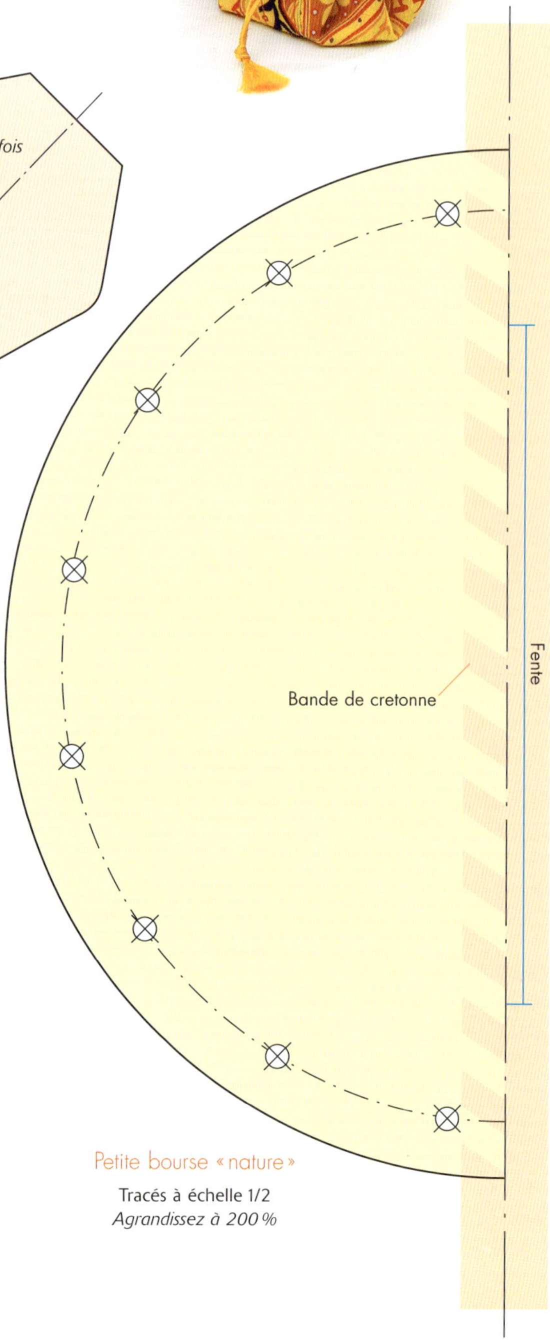

Petite bourse « nature »

Tracés à échelle 1/2

Agrandissez à 200 %

Petite bourse « nature »

Hauteur de la bourse (fermée) : 10 cm

30 x 30 cm de toile cirée (orange) - 30 x 30 cm de cretonne à motifs floraux (jaune, rouge, verte, violette et orange)
une épingle de nourrice - 1,50 m de soutache (jaune orangé) - 2 perles de bois de Ø 1,8 cm (naturel)
16 œillets en métal de Ø 6 mm (argent) et les outils nécessaires pour la pose
un crayon à papier - une feuille de papier-calque - une machine à coudre

Reportez le tracé *(voir en page ci-contre)* sur la toile cirée et sur la cretonne *(voir* Report du tracé *page 11)* puis découpez en laissant un surplus de 5 mm pour les coutures. Posez les 2 ronds, endroit contre endroit. Bâtissez puis piquez à la machine. Pratiquez une fente de 18 cm de longueur *(voir tracé en page ci-contre)* puis retournez l'ensemble sur l'endroit. Coupez, dans la cretonne, une bande de 6 x 37 cm. Pliez-la en deux dans le sens de sa longueur, endroit contre endroit, puis piquez sur l'envers. Retournez sur l'endroit à l'aide de l'épingle de nourrice. Faites un rentré de 1 cm à chaque extrémité. Posez cette bande au milieu du rond afin de masquer la fente. Laissez dépasser les extrémités de celle-ci de 4 cm environ et piquez-la à 3 mm du bord. Posez les œillets sur le rond, aux emplacements prévus à cet effet sur le tracé *(voir en page ci-contre)*. Coupez la soutache en deux. Passez les deux brins dans les œillets et faites-les sortir de part et d'autre de chaque extrémité du ruban précédemment monté. Passez les extrémités de chaque brin dans une perle de bois puis faites un nœud. Vous avez formé les cordons de la bourse. Tirez sur les cordons pour fermer la bourse et sur les languettes dépassantes pour l'ouvrir.

Conseil : Après avoir noué les brins de soutache, vous pouvez l'effilocher, créant ainsi un pompon soyeux *(voir photo en page ci-contre)*.

Sac bric-à-brac

Hauteur : 34 cm - Diamètre : 18,5 cm

40 x 140 cm de toile cirée (orange)
47 x 62 cm de cretonne à motifs floraux (jaune, rouge, verte, violette et orange)
64 x 17 cm de polyphane - 20 x 20 cm de molleton de 5 mm d'épaisseur
du carton léger - un compas - de la colle - 1,30 m de biais (vert) en 2 cm de largeur
1,60 m de soutache (jaune orangé) - un crayon à papier
2 perles transparentes en plastique de Ø 2 cm (orange)
une machine à coudre

Tracez un cercle de 18,7 cm de diamètre sur le carton léger à l'aide du compas. Découpez en suivant la forme de son contour. Vous obtenez un gabarit avec lequel vous reportez la forme sur l'envers de la toile cirée orange. Découpez la forme de son contour. Coupez, dans cette même toile cirée, un rectangle de 20 x 60 cm. Formez un cylindre par une couture sur l'envers, à 5 mm des bords. Fermez ce cylindre en bâtissant le rond précédemment réalisé. Piquez à la machine. Vous obtenez le corps du sac.

Coupez un rectangle de 20 x 59,5 cm dans la toile cirée. Formez un cylindre de la même manière que précédemment (sans le fond) puis glissez ce dernier à l'intérieur du précédent pour obtenir la doublure. Pour donner plus de rigidité à l'ensemble, roulez le polyphane sur lui-même, sans ôtez la pellicule protégeant son côté adhésif et glissez-le entre les deux épaisseurs de toile cirée. Maintenez ces 2 épaisseurs par une piqûre sur la partie supérieure, à 5 mm du bord.

Tracez un nouveau gabarit rond de 18 cm de diamètre dans le carton léger. Reportez la forme de celui-ci sur la toile cirée et sur le molleton. Découpez. Collez la toile cirée sur une face du gabarit et le molleton sur l'autre. Laissez sécher. Vous avez formé la doublure rigide du fond du sac. Glissez-la à l'intérieur.

Coupez puis surfilez un rectangle de 47 x 62 cm dans la cretonne. Piquez ses 2 largeurs à 1 cm du bord pour former un cylindre. Repliez la cretonne à l'intérieur pour obtenir une hauteur de 23,5 cm.

Découpez 2 morceaux de biais de 32 cm de longueur. Faites un rentré de 2 cm à chaque extrémité et piquez-les. Posez ces biais à plat sur le cylindre en cretonne, à 10 cm du bord supérieur et faites une piqûre de chaque côté. Vous avez formé les coulisses. Maintenez les 2 épaisseurs de cretonne par une piqûre à 1 cm des bords surfilés. Coupez 63 cm de biais. Posez-le à plat sur le cylindre en cretonne à 1 cm des bords surfilés et piquez-le. Faites des repères au crayon à papier, à 2 cm du bord supérieur du cylindre en toile cirée. Épinglez le cylindre en cretonne en suivant ces repères. Bâtissez puis piquez. Faites une nouvelle piqûre de l'autre côté du biais, à l'intérieur du sac, afin de maintenir ensemble les 2 épaisseurs de toile cirée.

Coupez la soutache en deux et glissez chaque brin dans les coulisses. Prenez les extrémités de chaque brin ensemble et glissez-les dans une perle transparente. Faites un nœud pour maintenir les perles en place. Tirez sur les brins de soutache pour fermer le sac.

Bayadère

Sets de table

Dimensions d'un set de table : 48 x 32 cm

Pour un set de table :
62 x 32 cm de toile cirée à rayures (roses, blanches, vertes, fuchsia, mauve, orange)
48 x 32 cm de toile cirée (mauve)
du biais : 14 cm (fuchsia) en 1,5 cm de largeur, 95 cm (fuchsia) en 2 cm de largeur, 1,70 m (vert) en 2 cm de largeur
50 cm de cordonnet (rose) - une machine à coudre
un œillet en métal de Ø 8 mm (argent) et les outils nécessaires pour la pose

Coupez un rectangle de 48 x 32 cm dans la toile cirée mauve et dans la toile cirée à rayures, puis dans cette dernière, un grand rectangle **A** de 14 x 11,5 cm et un petit rectangle **B** de 9 x 4,5 cm.

Prenez le biais fuchsia de 14 cm de longueur et posez-le à plat au milieu du grand rectangle **A** *(voir photo)*. Faites une piqûre de chaque côté du biais, sur toute sa longueur.

Prenez le biais fuchsia de 2 cm de largeur et coupez un morceau de 53 cm de longueur. Posez celui-ci à cheval autour du grand rectangle **A** et piquez-le.

Coupez ensuite un morceau de 42 cm de longueur dans le même biais et piquez-le de manière identique autour du petit rectangle **B**.

Prenez le rectangle de toile cirée à rayures de 48 x 32 cm et posez le grand rectangle **A** dans le sens opposé des rayures, à 5 cm du bord inférieur et à 3 cm du bord gauche. Piquez-le sur 3 côtés puis piquez de nouveau sur le biais central pour diviser la poche en deux.

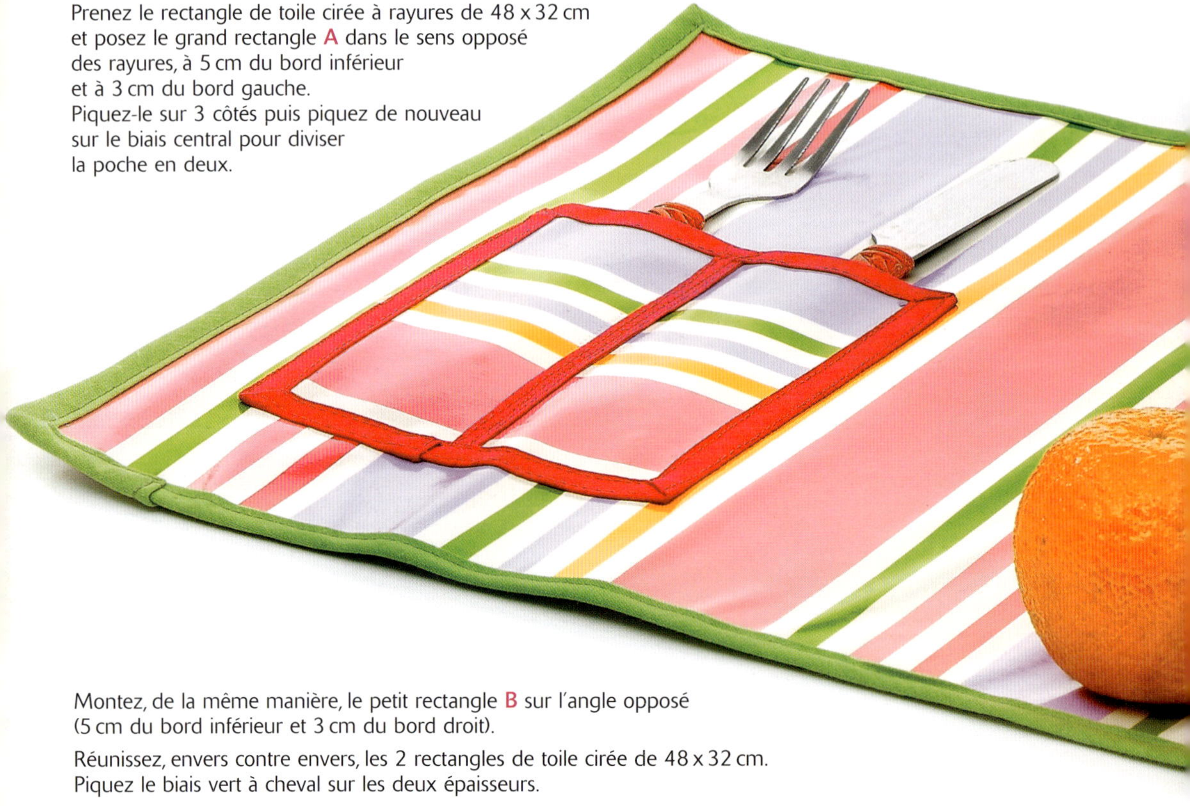

Montez, de la même manière, le petit rectangle **B** sur l'angle opposé (5 cm du bord inférieur et 3 cm du bord droit).

Réunissez, envers contre envers, les 2 rectangles de toile cirée de 48 x 32 cm. Piquez le biais vert à cheval sur les deux épaisseurs.

Posez l'œillet en laiton au milieu d'un des petits côtés et passez les 50 cm de cordonnet rose.

Procédez de la même manière pour le second set, mais passez 58 cm de ruban de satin jaune dans l'œillet. Roulez le set puis nouez les deux brins du ruban de satin *(voir photo)*.

Artiste en herbe

Tablier « chat et souris »

Hauteur : 36 cm
Largeur : 32 cm (pour un enfant de 18 mois à 2 ans)

50 x 50 cm de toile cirée (vert anis)
une chute de toile cirée (fuchsia)
2,65 m de biais (fuchsia) en 2 cm de largeur
2 boutons-pressions nacrés de Ø 1,2 cm (blancs)
un crayon à papier
de la colle
des feuilles de papier-calque
une machine à coudre

Reportez le tracé du tablier
(voir page 20)
sur la toile cirée vert anis
(voir Report du tracé *page 11)*
puis les tracés du chat et de la souris
(voir page 20)
sur la chute de toile cirée fuchsia.
Découpez chaque pièce
en suivant la forme de son contour.
Bâtissez le biais à cheval
sur le tour de la pièce du tablier
puis piquez-le à la machine à coudre.
Posez les boutons-pressions
(voir tracé page 20).
Collez le chat et la souris
sur le devant du tablier
(voir photo).
Laissez sécher 3 heures.

Artiste en herbe

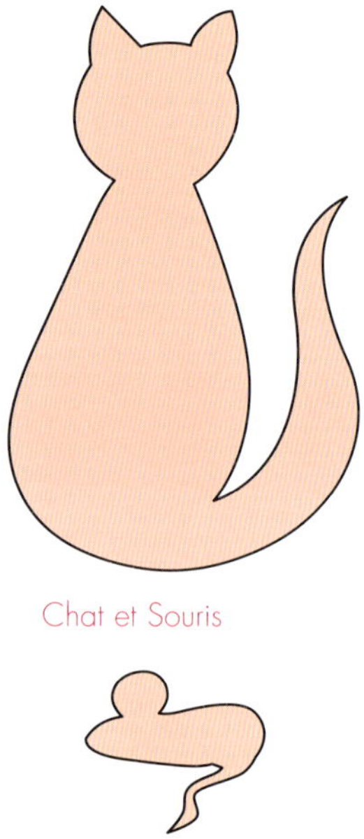

Chat et Souris

Tracés à échelle 1/2
Agrandissez à 200 %

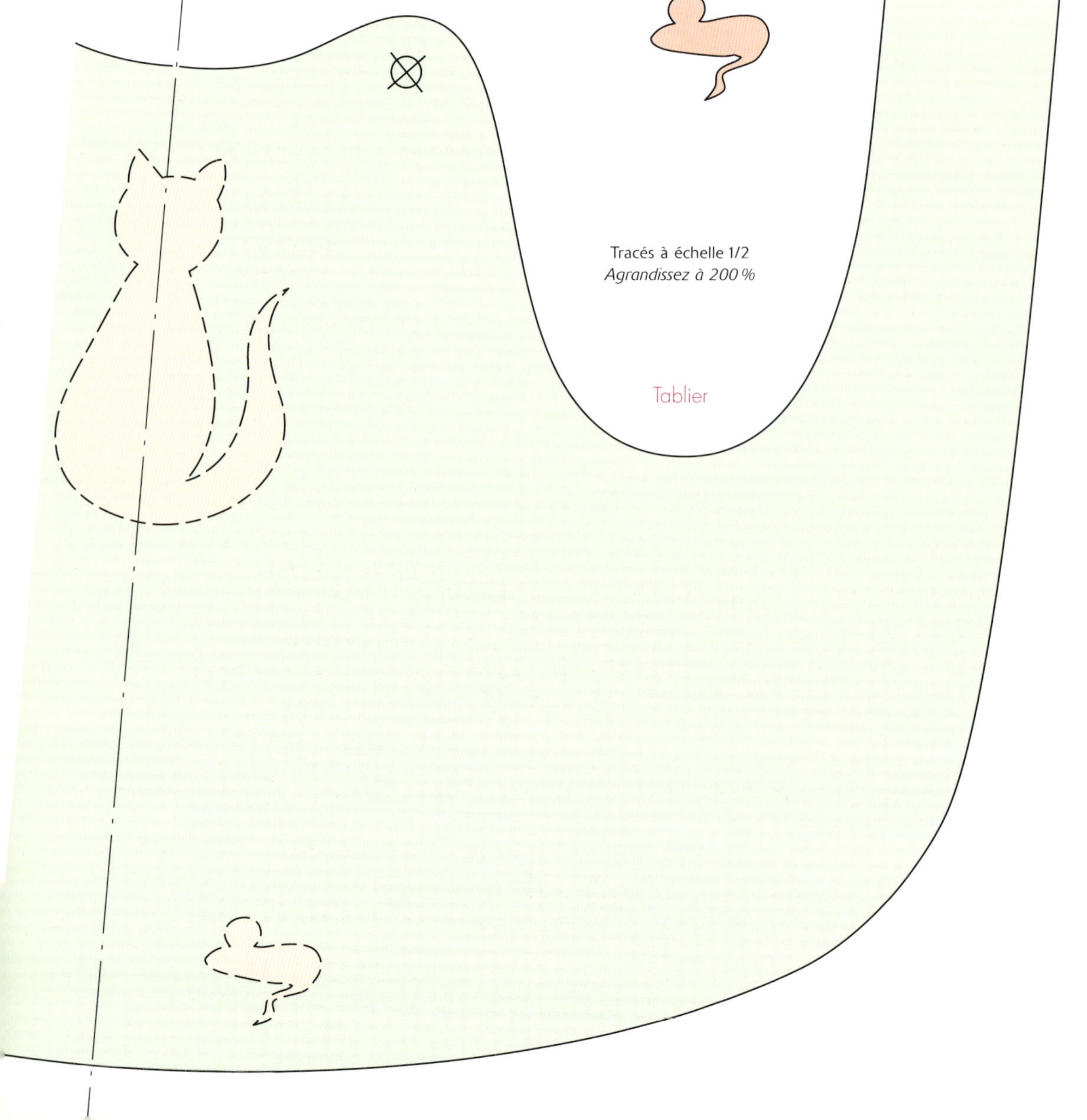

Tablier

Pochette peinture

Dimensions (fermée) : 30 x 25,5 cm

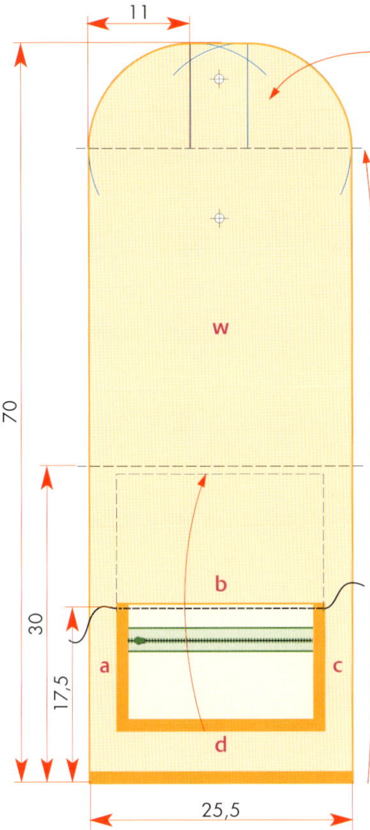

Sch. 1

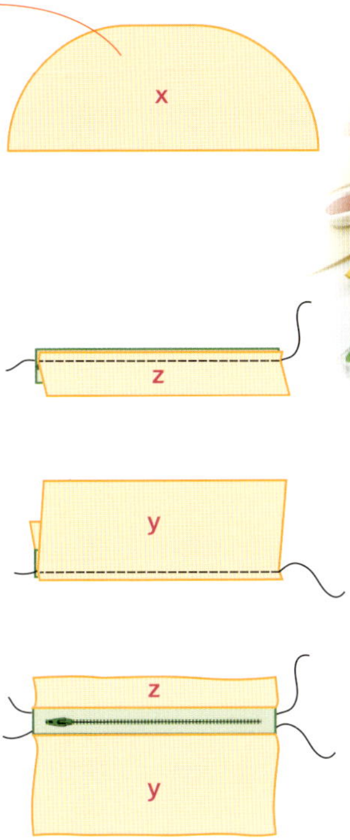

Sch. 2

55 x 140 cm de toile cirée à motifs de grenouilles (jaune orangé, verte)

1,70 m de biais (jaune orangé) en 2 cm de largeur

du ruban adhésif

une fermeture à glissière de 18 cm de longueur (verte)

un bouton-pression nacré de Ø 1,2 cm (blanc)

un compas

un morceau de carton léger de 11 x 22 cm

une machine à coudre

Les dimensions sont indiquées en centimètres.

Découpez un rectangle w de 25,5 x 70 cm et un rectangle x de 25,5 x 12,5 cm dans la toile cirée.

Tracez, sur le morceau de carton léger, un cercle de 22 cm de diamètre à l'aide du compas. Découpez ce cercle. Utilisez-le comme un gabarit pour arrondir les angles d'une des extrémités des rectangles w et x *(voir schéma 1 ci-dessus)*. Découpez.

Découpez un rectangle y de 20 x 8 cm et un rectangle z de 20 x 3,5 cm dans la toile cirée. Piquez ces deux rectangles de chaque côté de la fermeture à glissière, à 7 mm de la denture, endroit contre endroit *(voir schéma 2 ci-dessus)*. Posez des morceaux de biais à cheval sur les côtés a, b et c et piquez-les *(schéma 1)*. Posez cette pièce zippée sur le rectangle w, endroit contre endroit, à 17,5 cm de l'extrémité restée droite *(schéma 1)*. Piquez le côté d. Rabattez et piquez les trois autres côtés a, b et c. Vous avez monté la petite poche.

Coupez 25,5 cm de biais et piquez-le à cheval sur l'extrémité restée droite du rectangle w, sans faire de rentré aux extrémités.

Repliez le rectangle w, envers contre envers, au ras de la poche zippée. Maintenez, avec du ruban adhésif, le rectangle x arrondi sur l'envers de la partie arrondie du rectangle w pour former la doublure du rabat. Posez le biais à cheval sur le tour de la pochette et piquez-le. Ôtez le ruban adhésif.

Installez la partie femelle du bouton-pression sur le rabat, au milieu et à 2,5 cm du bord supérieur. Posez la partie mâle sur le devant de la pochette, en vis-à-vis.

Vous obtenez la pochette. Vous pouvez ranger une palette dans la grande poche, des tubes de peinture et des pinceaux dans la petite !

Balade nature

Cabas

Dimensions (sans les anses) : 40 x 35 cm

55 x 140 cm de toile cirée à motifs de fleurs (vert anis, rose)
6,50 m de biais (fuchsia) en 2 cm de largeur
12 rivets en métal de Ø 7 mm (argent) et les outils nécessaires pour la pose
un crayon à papier - un morceau de carton épais de 18 x 10 cm

Découpez, dans la toile cirée, 2 rectangles **a** de 40 x 35 cm, 4 bandes **b** de 3 x 70 cm et 1 bande **c** de 12 x 111 cm.

Prenez un rectangle **a**, la bande **c** et un morceau de biais de 1,11 m. Bâtissez la bande **c** sur 3 côtés du rectangle **a** (2 petits côtés et 1 grand côté) en maintenant les deux épaisseurs de toile cirée avec le morceau de biais. Terminez sans faire de rentré dans le biais.

Répétez l'opération avec le 2e rectangle **a** et un nouveau morceau de biais de 1,11 m, de l'autre côté de la bande **c**. Vous avez assemblé les soufflets et les deux faces du cabas. À l'issue de cette opération, vous pouvez avoir un surplus de quelques millimètres au niveau de la bande. Égalisez l'ensemble.

Posez du biais sur les bords supérieurs du sac, en démarrant au milieu d'un soufflet.

Prenez les bandes **b** deux par deux et posez-les l'une sur l'autre, envers contre envers.
Posez du biais sur l'endroit, à cheval autour de chaque ensemble, en maintenant les deux épaisseurs de toile cirée. Effectuez une double piqûre à la machine, sur les deux pièces.
Vous obtenez les anses du cabat.

Marquez trois points de repère au crayon à papier, à chaque extrémité des anses, le premier à 2,2 cm du bord, le second à 8 cm et le troisième à 13,8 cm.
Faites les trous au niveau des points avec l'outil perforateur et le marteau.

Posez les anses sur chaque face du cabas, à 12 cm de chaque côté, puis reportez sur celui-ci au crayon à papier, les trous précédemment réalisés.
Perforez le cabas au niveau des tracés, en prenant soin de glisser au préalable le carton épais à l'intérieur afin de protéger l'autre côté du sac.

Fixez les anses avec les rivets.

Chapeau

Hauteur : 11 cm - Diamètre : 40 cm

40 x 140 cm de toile cirée
à motifs de fleurs (vert anis, rose)
25 x 9 cm de toile cirée (fuchsia)
1,27 m de biais (vert) en 2 cm de largeur
50 cm de ficelle de cuisine
du ruban adhésif double face
2 perles en bois de Ø 8 mm (blanches)
un compas - une aiguille à laine
une machine à coudre
un crayon à papier

Mesurez le tour de votre tête. Ôtez 1 cm. Divisez le chiffre obtenu par 3,14 puis par deux afin d'obtenir la dimension du rayon (ici, 10 cm). Prenez le compas et tracez un cercle d'un diamètre correspondant à la mesure calculée précédemment sur la toile cirée à motifs de fleurs. Découpez en suivant le contour. Découpez également, dans cette toile, une bande de 13 cm de largeur et d'une longueur équivalente à celle du tour de tête. Fermez cette bande par une couture à 5 mm du bord pour obtenir un cylindre. Bâtissez-le autour du rond précédemment découpé puis piquez à la machine.
Vous obtenez la calotte du chapeau.

Tracez au compas, sur l'envers de la toile cirée à motifs de fleurs, un cercle de 40 cm de diamètre puis, à l'intérieur de celui-ci, un cercle de diamètre équivalent à celui de la calotte.
Découpez en suivant le contour de chaque tracé. Répétez l'opération une fois. Posez les 2 pièces obtenues, l'une sur l'autre, envers contre envers. Maintenez les deux épaisseurs de toile cirée par 1,27 m de biais posé à cheval. Piquez à la machine. Vous obtenez le bord du chapeau.

Assemblez le bord et la calotte par un bâti puis piquez.

Réalisation des pompons fuchsia

Tracez un trait au crayon à papier, sur l'envers de la bande de toile cirée fuchsia, à 2 cm du bord sur toute la longueur. Fixez, sous ce trait, une bande de ruban adhésif double face.
Repliez la toile cirée sur le ruban adhésif. La partie supérieure de la bande, non repliée, fait 25 x 5,5 cm.
Frangez cette partie, tous les 4 mm, en vous arrêtant à 2 cm du bord replié.
Coupez la bande en deux.
Posez du ruban adhésif double face au-dessus des franges.

Coupez la ficelle de cuisine en deux. Enfilez une perle sur chaque brin.
Faites-la glisser au milieu et maintenez-la par un noeud.

Posez la perle et sa ficelle sur une des extrémités d'un morceau de bande frangée puis roulez la toile cirée sur elle-même. Répétez l'opération avec l'autre brin perlé et l'autre morceau de bande frangée *(voir photo ci-contre)*.

Installez les deux pompons sur un des côtés du chapeau en enfilant les brins de ficelle sur l'aiguille à laine puis en glissant celle-ci dans les coutures. Nouez les ficelles sur l'envers du chapeau pour les maintenir en place.

Trousse de maquillage

Dimensions : 23,5 x 18,5 cm

40 x 24 cm de toile cirée
à motifs de fleurs (vert anis, rose)
50 x 7 cm de toile cirée (fuchsia)
des chutes de toile cirée (fuchsia, vert anis, mauve)
1,20 m de biais (fuchsia) en 2 cm de largeur
une fermeture à glissière de 22 cm
de longueur (vert anis)
une perle en bois de Ø 6 mm (jaune)
de la colle - un crayon à papier
des feuilles de papier-calque

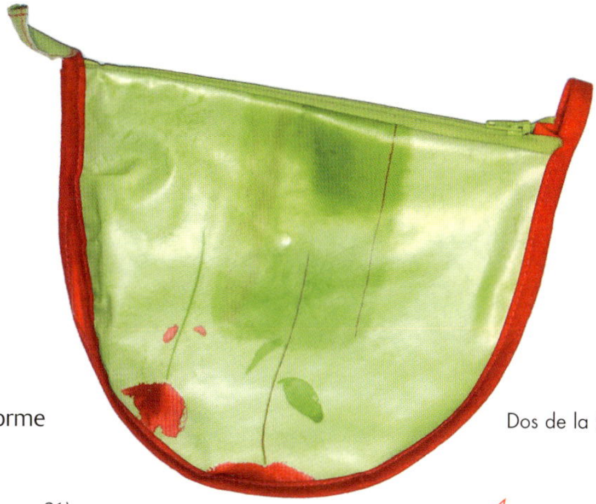

Dos de la trousse

Reportez deux fois le tracé du côté de la trousse *(voir ci-dessous)* sur la toile cirée à motifs de fleurs *(voir* Report du tracé *page 11)* puis découpez en suivant la forme de son contour.

Piquez chaque pièce à 3 mm des bords supérieurs, de chaque côté de la fermeture à glissière *(voir schéma 2 page 21)*.

Retaillez la bande de toile cirée fuchsia afin qu'elle fasse 7 cm de largeur au milieu et 4 cm de largeur au niveau des extrémités.
Marquez un repère au crayon à papier, sur l'endroit, au milieu de la bande et au milieu de l'arrondi de chaque côté.
Faites coïncider ces repères et commencez à bâtir la bande sur l'arrondi de chaque côté, à 5 mm des bords. Lorsque vous arrivez au niveau de la fermeture à glissière, faites un rentré de 1 cm avec la bande fuchsia.

Bâtissez le biais à cheval autour de la trousse en conservant, au départ (à l'opposé de la fermeture à glissière fermée), un surplus de biais de 2,5 cm.
Lorsque vous arrivez à l'autre extrémité de la fermeture à glissière, laissez un surplus de 6 cm avant de couper le biais.
Piquez le biais à la machine en continuant sur les 6 cm de surplus.
Formez une boucle avec ces 6 cm par un point de couture. Piquez.

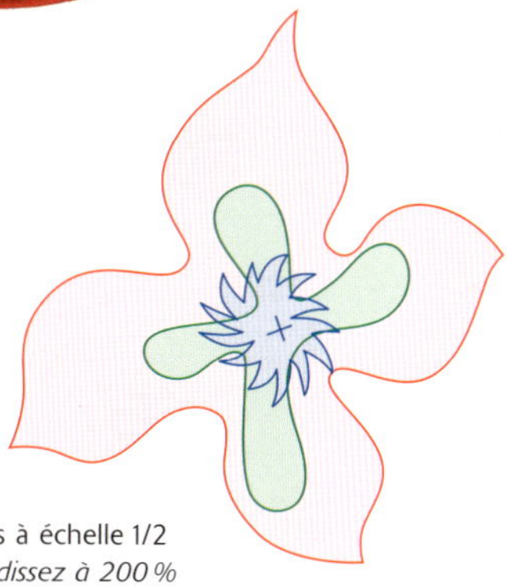

Tracés à échelle 1/2
Agrandissez à 200 %

Coupez un morceau de toile cirée à motifs de fleurs de 7,5 x 4 cm.
Retaillez-le dans sa largeur pour obtenir 4 cm au milieu et 2,5 cm aux extrémités.
Pliez cette pièce en deux, insérez les deux morceaux de biais du départ et piquez l'ensemble.
Vous obtenez la languette *(voir photo)*.

Reportez les tracés des pétales dans les chutes de toile cirée fuchsia, vert anis et mauve *(voir ci-contre et* Report du tracé *page 11)*.
Découpez-les.
Superposez ces pétales et collez-les.
Cousez la perle au centre de la fleur pour former le cœur.
Collez celle-ci sur l'angle supérieur gauche de la trousse.

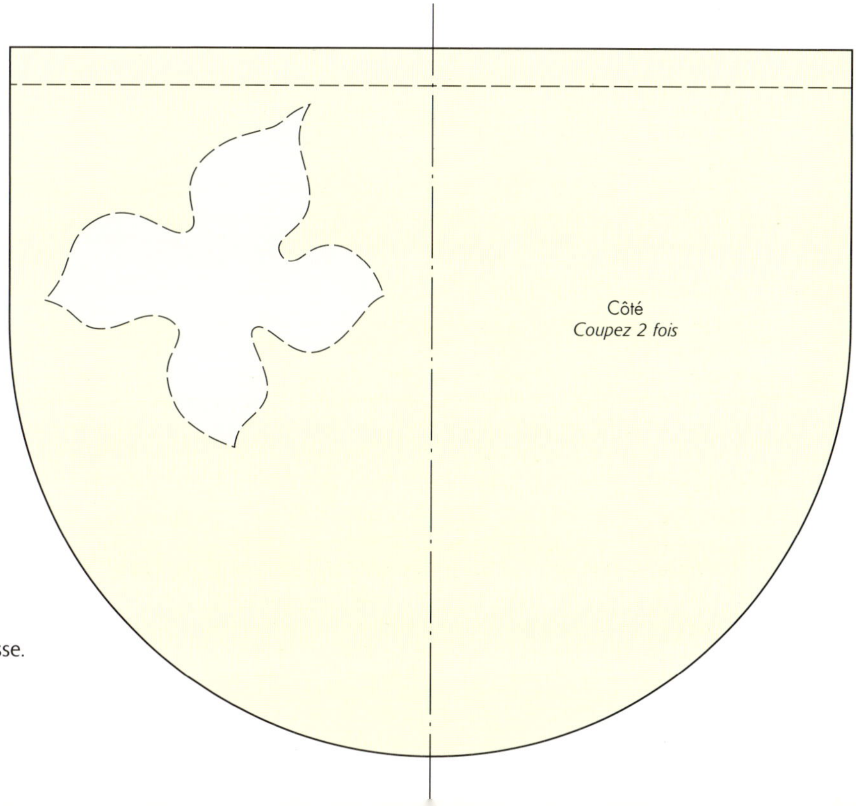

Ouvrages de dames

Sac multi-poches

Hauteur : 18 cm - Diamètre : 20 cm

de la toile cirée : 20 x 95 cm (vert anis), 20 x 110 cm (fuchsia), 20 x 85 cm (mauve)
du biais en 2 cm de largeur : 2,30 m (violet), 1,90 m (vert anis), 1 m (fuchsia)
2 rivets en métal de Ø 7 mm (argent) et les outils nécessaires pour la pose
20 x 20 cm de carton léger - 20 x 20 cm de molleton de 5 mm d'épaisseur
un crayon à papier - des feuilles de papier-calque - un compas - de la colle - une machine à coudre

Découpez un rectangle de 65 x 18,5 cm dans la toile cirée vert anis.

Reportez 2 fois le tracé de la poche *(voir ci-dessous)* sur la toile cirée vert anis, 2 fois sur la toile cirée fuchsia et 2 fois sur la toile cirée mauve *(voir* Report du tracé *page 11)*.
Découpez chaque pièce en suivant la forme de son contour.

Coupez 49 cm de biais vert anis, posez-le à cheval sur 3 côtés d'une poche mauve puis piquez. Répétez l'opération avec la 2e poche mauve. Procédez de la même manière avec du biais fuchsia et les poches vert anis puis avec du biais violet et les poches fuchsia.

Dessinez au crayon à papier, sur le rectangle vert anis de 65 x 18,5 cm, l'emplacement des poches *(voir schéma ci-dessous)*. Bâtissez-les puis piquez-les sur 3 côtés en alternant les couleurs (mauve, vert, fuchsia).

Tracez au compas, dans la toile cirée mauve, un cercle de 20,5 cm de diamètre.
Découpez-le en suivant le contour. Fermez la bande garnie de poches par une couture de 1 cm pour obtenir un cylindre.
Bâtissez-la autour du rond mauve. Posez 66 cm de biais violet à cheval sur les deux épaisseurs de toile cirée et piquez l'ensemble à la machine.

Découpez un rectangle de 65 x 18 cm dans la toile cirée fuchsia.
Fermez-le, comme le rectangle vert anis, par une piqûre à 1 cm du bord.
Coupez 65 cm de biais violet et piquez-le à cheval sur une bordure du cylindre fuchsia. Glissez celui-ci à l'intérieur du cylindre vert anis, la bordure garnie de biais dans le fond.
Maintenez les deux épaisseurs de toile cirée sur la partie supérieure, avec 66 cm de biais violet que vous piquez à cheval.

Découpez une bande de 3 x 41 cm dans la toile cirée mauve et dans la toile cirée fuchsia. Superposez les 2 bandes, envers contre envers.
Coupez 92 cm de biais vert anis. Posez-le à cheval sur le tour des bandes superposées et maintenez les 2 épaisseurs de toile cirée par une double piqûre à la machine. Vous obtenez l'anse du sac.
Fixez celle-ci avec des rivets *(photo ci-contre)*.

Tracez au compas puis découpez dans la toile cirée mauve, un cercle de 19 cm de diamètre.
Faites de même dans le carré de molleton et dans le carton léger.
Collez le rond en toile cirée sur une face du rond en carton puis le rond en molleton sur l'autre face. Laissez sécher.
Glissez cette doublure rigide au fond du sac.

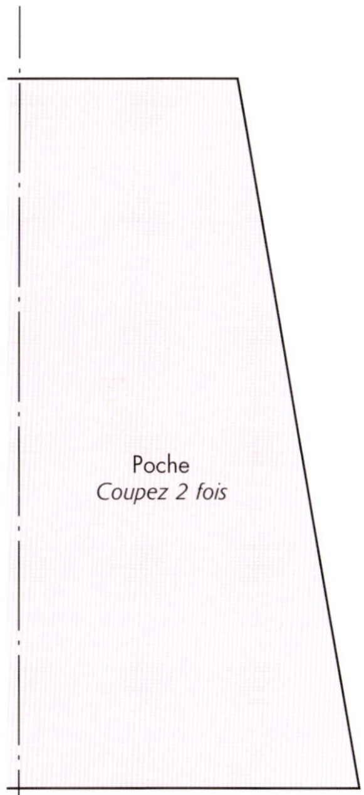

Tracé à échelle 1/2
Agrandissez à 200 %

Les dimensions sont indiquées en centimètres.

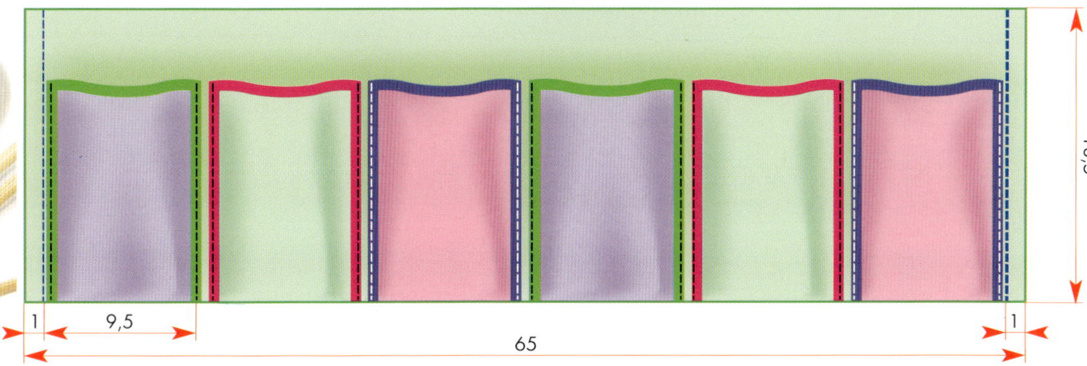

Bord de mer

Bord de mer

Sac de plage

Dimensions : 61 x 43 cm

45 x 140 cm de toile cirée
à motifs aquatiques (bleue)
30 x 120 cm de toile (écrue)
3,60 m de biais (bleu) en 2 cm de largeur
une aiguille à laine
60 cm de ficelle de cuisine (blanche)
un compas
un morceau de carton léger de 32 cm de côté
2 perles en bois de Ø 1,8 cm (naturel)
6 perles en bois de Ø 5 mm (bleues)
2 perles en bois de Ø 1 cm (bordeaux)
de la colle
un crayon à papier
des feuilles de papier-calque
un bouton-pression nacré
de Ø 1,2 cm (blanc)
une machine à coudre

Coupez 2 rectangles de 70 x 35 cm dans la toile cirée.
Tracez au compas puis découpez dans le carton léger, un cercle de 31 cm de diamètre.
Utilisez-le comme un gabarit pour arrondir deux des angles des rectangles *(voir schéma ci-contre)*.

Tracez les pinces au crayon à papier sur chaque rectangle en vous reportant au schéma ci-contre.
Bâtissez puis piquez-les à la machine.

Assemblez les deux rectangles, endroit contre endroit, par une couture à 1 cm du bord.
Vous obtenez les deux côtés du sac.

Reportez 2 fois le tracé du haut du sac *(voir ci-contre)* sur la toile écrue
(voir Report du tracé *page 11)*. Découpez chaque pièce (les coutures sont comprises).
Assemblez les 2 pièces et piquez-les. Repliez la toile écrue sur elle-même *(voir tracé en page ci-contre)*.
Posez et piquez un morceau de biais, à cheval sur toute la longueur de l'arrondi en maintenant
les 2 épaisseurs de toile écrue. Retournez le sac et posez cet ensemble sur le dessus, en suivant l'arrondi.
Maintenez avec des pinces à linge puis piquez sur le biais. Vous avez formé le corps du sac.

Coupez 6 bandes de 4 x 55 cm dans la toile écrue.
Prenez 3 bandes et assemblez-les en piquant un morceau de biais, à cheval sur le tour,
en prenant les 3 épaisseurs. Vous obtenez une anse. Répétez l'opération pour la seconde anse.

Piquez les anses en biais sur la toile écrue du dessus du sac, à 8 cm de chaque côté et à 6 cm du bord supérieur.

Posez le bouton-pression au milieu du dessus du sac.

Réalisez 2 pompons de la même manière que pour la pochette en page 32.
Cousez-les sous le bouton-pression.

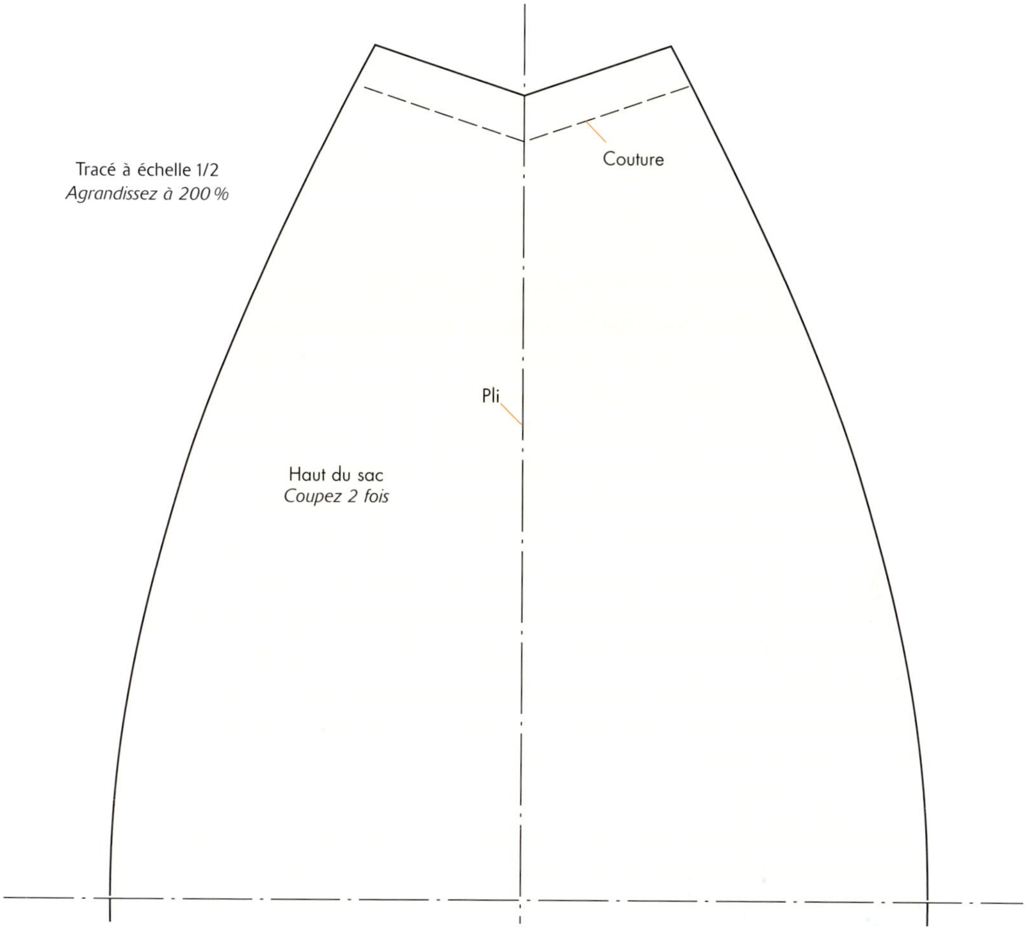

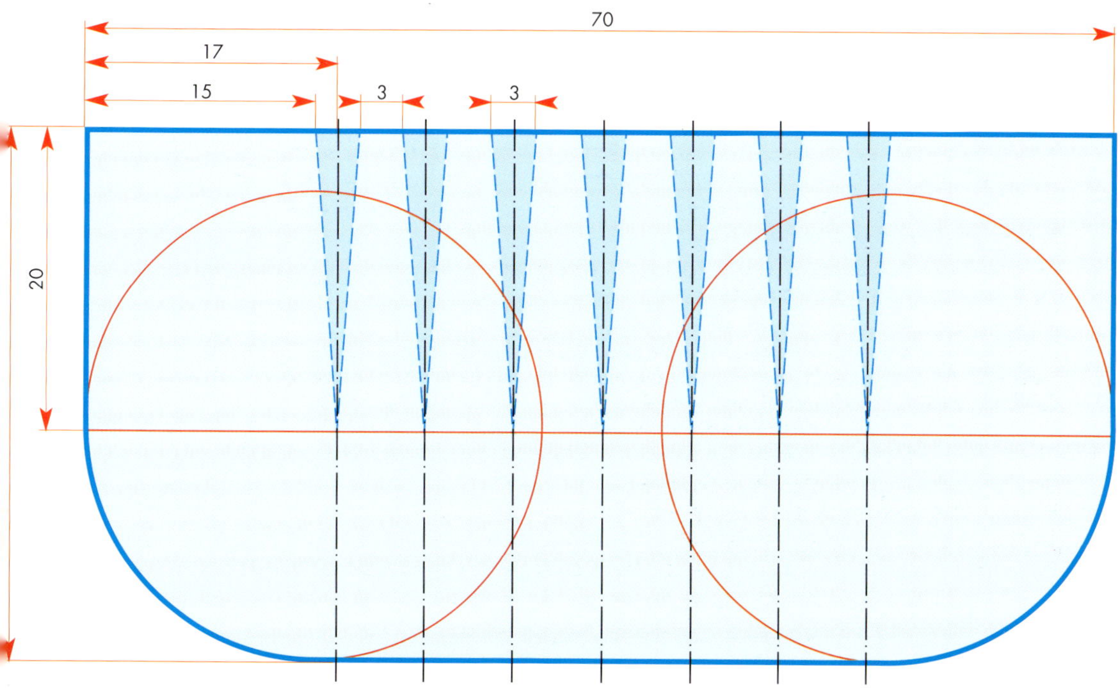

Les dimensions sont indiquées en centimètres.

Pochette ouverte

Pochette aux pompons

Dimensions : 31 x 20 cm

35 x 80 cm de toile cirée à motifs aquatiques (bleue)
2 m de biais (bleu) en 2 cm de largeur
une fermeture à glissière de 30 cm de longueur (blanche)
une bande de toile de 70 x 5 cm (écrue) - un compas
un morceau de carton léger de 11 cm de côté
2 perles en bois de Ø 1,8 cm (naturel)
6 perles en bois de Ø 5 mm (bleues)
2 perles en bois de Ø 1 cm (bordeaux)
70 cm de ficelle de cuisine (blanche)
de la colle - un crayon à papier

Découpez dans la toile cirée, un rectangle **A** de 31 x 33,5 cm (rabat et dos), un rectangle **B** de 31 x 20 cm (devant) et un rectangle **C** de 31 x 14 cm (doublure du rabat).

Tracez au compas puis découpez dans le carton léger un cercle de 10,5 cm de diamètre.
Servez vous du rond obtenu comme d'un gabarit pour arrondir les 4 angles du rectangle **A** et 2 angles des rectangles **B** et **C**. Piquez la fermeture à glissière sur les rectangles **B** et **C** au niveau des côtés aux angles droits *(voir schéma 2 page 21)*.

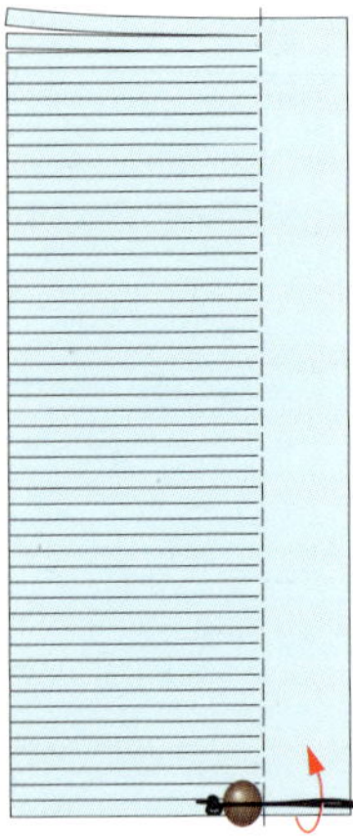

Soufflets

Piquez, sur une des extrémités de la bande de toile écrue, un ourlet de 1 cm. Bâtissez la bande sur les 3 côtés restés libres du rectangle **B** puis piquez un ourlet sur l'autre extrémité. Posez du biais à cheval sur ces 3 côtés en prenant ensemble la toile cirée et la toile écrue. Piquez-le.

Bâtissez l'autre côté de la bande de toile écrue sur le rectangle **A** et piquez un nouveau morceau de biais autour, à cheval sur les deux épaisseurs.

Fermez la pochette. Maintenez les 2 épaisseurs de toile cirée (partie supérieure du rectangle **A** et rectangle **C**) par le reste du biais, posé à cheval.
Piquez à la machine autour du rectangle **A**.

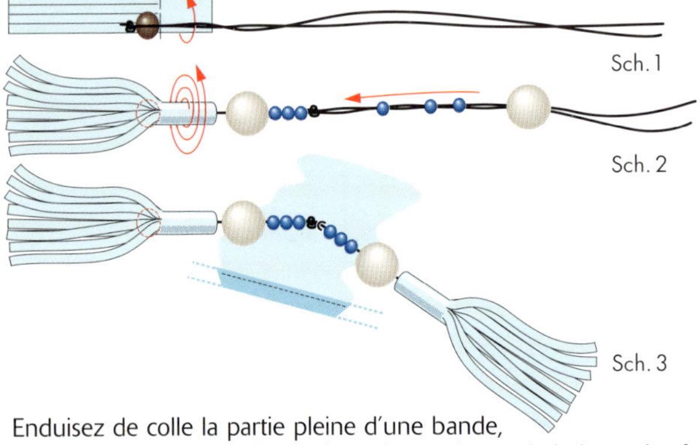

Sch. 1

Sch. 2

Sch. 3

Pompons

Coupez deux bandes de 18 x 8 cm dans la toile cirée.
Tracez au crayon à papier, sur l'envers de chaque bande, un axe à 2 cm du bord, sur toute la longueur.
Taillez des franges de 3 ou 4 cm de longueur jusqu'à cet axe *(schéma 1)*.

Coupez 60 cm de ficelle de cuisine.
Enfilez une perle bordeaux sur ce brin, faites-la glisser au milieu et maintenez-la par deux nœuds.

Enduisez de colle la partie pleine d'une bande, d'une largeur de 2 cm. Posez la perle au niveau de la base des franges.
Roulez la bande sur elle-même autour des deux brins de ficelle *(schéma 1)*.
Enfilez une perle en bois naturel sur ces deux brins. Enfilez ensuite 3 perles bleues.
Faites un double nœud puis enfilez les 3 autres perles bleues ainsi que la 2e perle en bois naturel *(schéma 2)*.
Encollez la partie pleine de la 2e bande.
Roulez-la sur elle-même en prenant les deux brins de ficelle et en tendant bien.
Enfilez la 2e perle bordeaux sur ces deux brins et fermez par un double nœud.
Posez un point de colle sur celui-ci. Laissez sécher.

Maintenez les pompons avec deux ou trois points de fil écru sans traverser les deux épaisseurs de toile cirée *(schéma 3)*. Nouez les brins sur l'envers pour les maintenir en place.

Mini-sac

Dimensions (anse non comprise) : 11,5 x 12,5 cm

32 x 20 cm de toile cirée à motifs aquatiques (bleue)
1,25 m de biais (bleu) en 2 cm de largeur
un bouton-pression nacré de Ø 1,2 cm (blanc)
du ruban adhésif - un crayon à papier
une feuille de papier-calque
une machine à coudre

Reportez le tracé du devant, du dos et du rabat, de la doublure et du soufflet *(voir ci-dessous)* sur la toile cirée *(voir* Report du tracé *page 11)*. Découpez chaque pièce en suivant la forme de son contour.

Découpez 13 cm de biais puis piquez-le à cheval sur la partie supérieure du devant, sans faire de rentré aux extrémités.
Coupez deux fois 3 cm de biais puis piquez les morceaux à chaque extrémité du soufflet, sans faire de rentré.
Bâtissez le soufflet autour des 3 côtés du devant.
Montez ensuite le dos sur les bords libres du soufflet.

Découpez 14,5 cm de biais. Pliez-le en deux dans sa longueur puis piquez-le.

Bâtissez les extrémités de l'anse ainsi obtenue sur le rabat, à 11 cm du bas du sac.

Posez la doublure du rabat et maintenez-la avec du ruban adhésif.

Piquez le reste de biais à cheval sur les 3 côtés libres du devant et sur le tour du dos, en prenant bien la doublure dans la couture.
Ôtez le ruban adhésif.

Posez le bouton-pression sur le devant, à 6 cm des côtés et à 2,5 cm du bord supérieur puis en vis-à-vis sur le rabat.

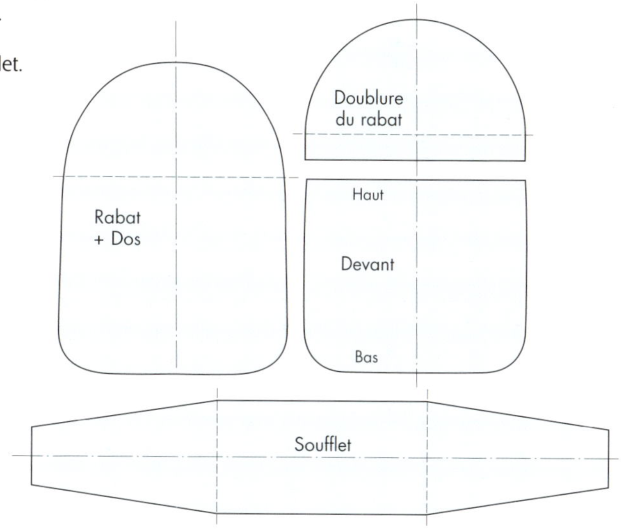

Tracés à échelle 1/4
Agrandissez à 400 %

Bourse « piscine »

Hauteur de la bourse (fermée) : 10 cm

30 x 30 cm de toile (écrue)
30 x 30 cm de toile cirée à motifs aquatiques (bleue)
une épingle de nourrice
1,50 m de soutache (bleue)
2 perles de bois de Ø 1,8 cm (naturel)
16 œillets en métal de Ø 6 mm (argent)
et les outils nécessaires pour la pose
un crayon à papier
une feuille de papier-calque
une machine à coudre

Procédez de la même manière que pour la petite bourse « Nature » en page 15, en remplaçant la toile cirée orange par la toile écrue et la cretonne à motifs floraux par la toile cirée à motifs aquatiques.

L'heure du thé

Range-serviettes

Dimensions : 22 cm de côté et 9 cm de hauteur

de la toile cirée : 40 x 60 cm (vert anis), 25 x 43 cm (mauve), 20,5 x 18 cm (fuchsia)
8 œillets en laiton de Ø 8 mm (or) et les outils nécessaires pour la pose
1,40 m de ficelle de cuisine (blanche) - de la colle - du ruban adhésif double face
4 rectangles de carton léger de 18,5 x 7,5 cm - une aiguille à laine - un crayon à papier
du biais en 2 cm de largeur : 55 cm (vert anis, fuchsia), 1,65 m (violet)
des perles en bois de Ø 5 mm (10 jaunes, 4 vertes, 4 turquoise, 10 violettes)
une machine à coudre

Découpez, dans la toile cirée vert anis, un carré de 39 cm de côté.
Coupez ensuite dans chaque angle, un carré de 9 cm de côté *(voir schéma ci-dessous)*.

Découpez un carré de 25 cm de côté dans la toile cirée mauve.
Coupez un carré de 2 cm de côté dans chaque angle. Posez du ruban adhésif double face sur les 4 côtés. Fixez l'ensemble sur l'envers du carré de toile cirée vert anis en faisant bien coïncider les angles découpés pour obtenir une croix.

Côtés

Découpez deux rectangles de 20,5 x 9 cm dans la toile cirée fuchsia et la toile cirée mauve.
Coupez 4 morceaux de biais violet de 20,5 cm de longueur et posez-les à cheval sur un grand côté de chaque rectangle *(voir schéma)*.
Piquez-les sans prévoir de rentré aux extrémités.

Disposez ces 4 rectangles sur chaque branche de la croix, envers contre envers, en alternant les couleurs.
Coupez 8 fois 10 cm de biais violet. Piquez chaque morceau à cheval sur les petits côtés des rectangles *(voir schéma)* en prenant les 2 épaisseurs de toile cirée et en prévoyant seulement un petit rentré à la base.

Coupez 2 fois 26 cm de biais vert anis et 2 fois 26 cm de biais fuchsia. Piquez le biais vert anis à cheval sur le côté rectangulaire fuchsia et le biais fuchsia sur le côté mauve.
Laissez, à chaque extrémité, une marge de 2,75 cm *(voir schéma)*.
Faites un rentré de 1,25 cm. Il subsiste 1,5 cm de biais de chaque côté, sur lequel vous posez un œillet en laiton. Afin de donner de la rigidité aux côtés, insérez les morceaux de carton léger entre les deux épaisseurs de toile cirée.

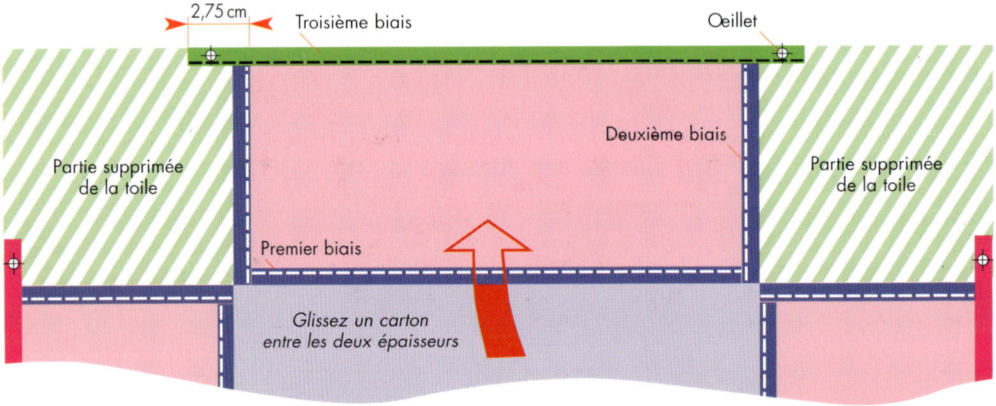